AF193075

Cicerón

SOBRE LA AMISTAD

Traducción de Luis Frayle Delgado

1ª ed., enero de 2025

Una iniciativa de Cypress Cultura
www.cypress.com.es

© de la traducción, Luis Frayle Delgado
© de esta edición, Cypress Cultura

ISBN: 978-84-129035-1-5
Depósito legal: SE 1979-2024

IMPRESO EN LA UNIÓN EUROPEA

I

1. El augur Quinto Mucio Escévola acostumbraba a contar con gracejo muchas anécdotas, que conservaba en la memoria, de su suegro Cayo Lelio, y no dudaba en llamarlo sabio al hilo de cualquier conversación. En cuanto a mí, desde que tomé la toga viril mi padre me encomendó a Escévola con la recomendación de que, en cuanto fuera posible y conveniente, nunca me separara del lado de aquel anciano. Así, yo grababa en la memoria muchas cosas que él trataba con sabiduría y muchas de sus sentencias breves y oportunas, y me desvivía por aprender de su experiencia. Después de su muerte me confié al pontífice Escévola, al que me atrevo a proclamar como el hombre de más talento y el más justo de Roma. Pero de él hablaré en otro momento. Ahora volvamos al augur.

2. Recuerdo de él muchas cosas, entre otras, que un día, sentado en el hemiciclo de la sala de su casa, estando yo presente con algunos de sus amigos íntimos, la conversación recayó sobre lo que entonces estaba en boca de casi todos. Sin duda recordarás, Ático, tanto más que tratabas mucho a Publio Sulpicio, cuánto se sorprendieron y cómo se lamentaban muchos de que este tribuno del pueblo se enemistara y declarara odio a muerte a Quinto Pompeyo, entonces cónsul, a quien le había unido la más estrecha amistad.

3. Pues bien, habiendo mencionado entonces Escévola este mismo asunto, nos relató aquella conversación que Lelio tuvo sobre la amistad con él y con su otro yerno, Cayo Fanio, hijo de Marco, pocos días después de la muerte de Africano. Grabé en mi memoria las ideas expresadas en aquella conversación y las he expuesto a mi manera en este libro, ya que he presen-

5

tado hablando a los interlocutores mismos, para no tener que introducir constantemente el *digo* y el *dijo*, y para que parezca que la conversación tiene lugar ante nuestros ojos, como si estuvieran presentes.

4. Porque, habiéndome propuesto tú muchas veces que escribiera algo sobre la amistad, me pareció que es un tema no sólo digno de ser publicado para conocimiento de todos, sino también muy de acuerdo con la amistad que nos une. Así pues, con mucho gusto he procurado ser útil a muchos con motivo de tu ruego. Y, como en el *Catón Mayor*, que escribí para ti, presenté al viejo Catón disertando sobre la vejez, puesto que ninguna persona parecía ser más apropiada para hablar de esa edad que quien había tenido una ancianidad tan prolongada y en ella había brillado entre todos por su vigor, así también, habiendo sabido por tradición de nuestros mayores que fue extraordinariamente memorable la amistad que hubo entre Cayo Lelio y Publio Escipión, me ha parecido que la persona de Lelio era la más apropiada para decir sobre la amistad lo que Escévola recordaba que le había oído. No sé por qué este género de conversaciones parecen tener más credibilidad si la apoyamos en la autoridad de hombres ancianos, sobre todo si son ilustres. En efecto, yo mismo, leyendo lo que escribí, a veces me emociono tanto que me parece no ser yo el que habla, sino Catón.

5. Así como entonces un anciano habla a otro anciano sobre la vejez, así ahora en este libro he escrito sobre la amistad como lo haría un amigo hablando con su amigo íntimo. Habló entonces Catón, probablemente el más viejo y el más prudente de aquel tiempo; el que habla ahora sobre la amistad es Lelio, no sólo sabio (pues por tal es tenido), sino también preclaro

por la gloria de la amistad. Quisiera que te olvidaras de mí por unos momentos y pensarás que es el mismo Lelio el que está hablando. Cayo Fanio y Quinto Mucio, después de la muerte del Africano, vienen a casa de su suegro; inician la conversación y Lelio responde. Su disertación versa toda ella sobre la amistad. Leyéndola te reconocerás a ti mismo.

II

6. FANIO. Lelio, ésa es la verdad, pues no hubo un hombre mejor ni más esclarecido que el Africano. Pero has de pensar que ahora los ojos de todos están puestos en ti. Es a ti solo a quien llaman y consideran sabio. Este título se atribuía hace poco a Catón; sabemos que Lucio Atilio también fue llamado sabio por nuestros antepasados; pero uno y otro por motivos diferentes: Atilio porque era considerado un gran experto en derecho civil, Catón porque tenía larga experiencia en multitud de asuntos (en boca de todos estaba que muchos había tratado en el Senado y en el Foro exponiéndolos con prudencia, llevándolos con firmeza o respondiendo con agudeza de ingenio). Por eso ya en su vejez tenía por sobrenombre el de sabio.

7. Pero se dice que tú eres sabio en otro sentido, no sólo por un don de la naturaleza y por tus hábitos de vida, sino también por tu estudio y tu ciencia; y no como el vulgo suele llamar sabio, sino como los doctos, como no se llama en Grecia a nadie (pues los que investigan con más sutileza no ponen en el número de los sabios a los llamados "siete sabios"). Sabemos de uno solo en Atenas, Sócrates; y éste ciertamente fue considerado el más sabio también por el oráculo de Apolo. De ti piensan que tienes tal sabiduría que no das importancia a lo que no te afecta interiormente y consideras la virtud superior a todos

los vaivenes de la fortuna a que están sometidos los hombres. Por eso me preguntan (creo que también ahora a Escévola) cómo soportas la muerte del Africano, tanto más que habiéndonos reunido, en las Nonas pasadas, como es nuestra costumbre, en los jardines del augur Decio Bruto para comentar algunas cosas, faltaste, tú que siempre acostumbrabas a tener ese día presente puntualmente y cumplir con diligencia ese deber.

8. ESCÉVOLA. Ciertamente, Cayo Lelio, son muchos los que lo preguntan, como acaba de decir Fanio, pero yo les respondo lo que he observado: que sobrellevas con ecuanimidad el dolor que te ha producido la muerte de quien es para ti no sólo un gran hombre, sino también un amigo muy querido; y que no habría podido no conmoverte, ni ello habría sido propio de tu buen corazón. Y el que no estuvieras en nuestra reunión en las Nonas fue por motivos de salud, no a causa de la tristeza.

LELIO. Has respondido bien y con verdad, Escévola, pues esta desgracia no debió apartarme de ese mi deber, que siempre cumplí cuando tuve salud, ni creo que ninguna desgracia pueda autorizar a un hombre de carácter a interrumpir sus obligaciones.

9. Y en cuanto a ti, Fanio, que dices se me atribuye cuanto yo ni creo merecer ni lo pretendo, te comportas como amigo; pero me parece que no juzgas bien a Catón, pues o no ha existido ningún sabio, y esto es más bien lo que creo, o si hubo alguno, él lo fue. Por no referirme a otras cosas, ¡cómo soportó la muerte del hijo! Tuve noticia de Paulo, conocí personalmente el caso de Galo, pero estos hombres sufrían la muerte de un niño. Catón soportó la muerte de un hombre maduro y ya probado.

10. Por lo cual, guárdate de anteponer a Catón ni siquiera a ese mismo al que Apolo, como dices, juzgó el más sabio; pues de éste se alaban los hechos; de aquel, los dichos. Y en cuanto a mí, que ahora me dirijo a los dos, ves qué es lo que pienso.

III

Si ya negara que estoy conmovido por la dolorosa pérdida de Escipión, los sabios habrían de juzgar si obro bien; pero ciertamente mentiría. Pues me lamento viéndome privado de un amigo, como, según pienso, nunca habrá otro igual y, puedo asegurar, como nunca hubo ninguno. Pero no necesito de medicina, yo solo me curo, sobre todo con el consuelo de no caer en el error por el que los más suelen angustiarse cuando se les muere algún amigo. Pues pienso que nada malo le ha sucedido a Escipión. Si algo malo ha sucedido, a mí es al que me ha sucedido. Atormentarnos interiormente con nuestros propios males queda para el que se ama a sí mismo, no a su amigo.

11. ¿Quién negará que él ha tenido un preclaro destino? Pues, a no ser que aspirara a la inmortalidad de la fama, cosa que no se le pasaba por la cabeza, ¿qué no alcanzó que fuese lícito al hombre ambicionar? Apenas llegado a la juventud, sobrepasó con increíble virtud las mayores expectativas que los ciudadanos habían puesto en él cuando era todavía un niño; nunca optó al consulado y fue cónsul dos veces, la primera antes de que llegara la edad establecida, luego lo fue de nuevo a su debido tiempo para él, si bien un poco tarde para la República; destruyendo las dos ciudades más enemigas de este imperio, hizo imposibles no sólo las guerras presentes sino también las futuras. ¿Qué diré de su trato tan afable, del cariño hacia su madre, de la generosidad para con sus hermanas, de la bondad

9

para con los suyos, de su justicia con todos? Son cosas estas conocidas de todos vosotros. Y ha quedado patente en el duelo de su funeral cuán querido era de sus conciudadanos. Por tanto, ¿en qué habría podido favorecerle el haber vivido unos años más? Pues, aunque la vejez no sea una carga, según recuerdo que nos decía Catón un año antes de morir, priva, sin embargo, de ese vigor del que todavía gozaba Escipión.

12. Por lo cual, su vida fue tan afortunada y gloriosa que nada más podría añadírsele. Además, la celeridad de la muerte le evitó la conciencia de morir. Es difícil hablar de una muerte semejante. Sabéis cuáles son las sospechas de la gente. Sin embargo, podemos afirmar con verdad que entre los días más gloriosos y gozosos que en su vida tuvo Publio Escipión, el más glorioso para él fue aquel en que, una vez levantada la sesión del Senado, el día inmediatamente anterior a su muerte, al atardecer, volvió a su casa acompañado por los senadores, el pueblo romano, los aliados y los latinos, de suerte que desde tan alto grado de gloria parece que más bien habría de llegar a los dioses del cielo que a los dioses infernales.

IV

13. Pues no estoy de acuerdo con esos filósofos que hace poco han empezado a difundir la idea de que el alma muere con el cuerpo y que todo acaba con la muerte. Para mí vale más la autoridad de los antiguos, o la de nuestros mayores, que tributaron a los muertos tan religiosos honores, cosa que no hubiesen hecho, en verdad, si pensaran que nada de esto les concernía; o la de aquellos que vivieron en esta tierra y con sus instituciones y preceptos educaron a la Magna Grecia, ahora ciertamente destruida, pero entonces floreciente; o la de aquel que

fue declarado el más sabio por el oráculo de Apolo, que en esto, como acostumbraba, no dice ahora una cosa luego otra, sino siempre lo mismo: que las almas de los hombres son divinas y que cuando salen del cuerpo tienen abierta la puerta del cielo, tanto más libre de obstáculos cuanto cada uno ha sido mejor y más justo. Y esto es también lo que pensaba Escipión.

14. En efecto, muy pocos días antes de su muerte, como si tuviera un presentimiento, en presencia de Filo, y de Manlio y de algunos más, estando tú también allí, Escévola, que habías ido conmigo, disertó durante tres días sobre la República; y el colofón de la disertación versó casi todo sobre la inmortalidad de las almas, exponiendo lo que, según decía, él había oído en sueños, de boca del Africano. Si es verdad que cuanto mejor haya sido cada uno, a la hora de la muerte el alma con tanta más facilidad emprende el vuelo desprendiéndose del cuerpo como de una prisión y unas cadenas, ¿quién pensaremos que más fácilmente haya volado a los dioses que Escipión? Por eso el apenarse por su destino me temo que sea más propio de un envidioso que de un amigo. Pero si, por el contrario, la verdad fuera que las almas mueren con los cuerpos y que ningún sentimiento sobrevive, hemos de decir que así como nada hay de bueno tampoco hay nada de malo en la muerte. Pues, una vez perdida la facultad de sentir, es como si el hombre no hubiera nacido. Sin embargo, nosotros nos alegramos de que Escipión haya nacido, y Roma se alegrará mientras exista.

15. Por lo cual, en verdad, como ya he dicho, su suerte ha sido excelente, la mía no tan buena, pues habría sido más justo que yo, que nací antes, también hubiese muerto antes. No obstante, el recuerdo de nuestra amistad me causa tanto gozo que me parece haber vivido feliz porque he vivido con Escipión, con

quien compartí la dedicación a los asuntos públicos y a los privados. Con él también me fueron comunes la paz y la guerra, y lo que es la quintaesencia de la amistad, el mayor acuerdo de voluntades, gustos y opiniones posible. Así pues, no me agrada tanto esa fama de sabio, a la que Fanio acaba de aludir, sobre todo siendo falsa, como la esperanza de que el recuerdo de nuestra amistad dure siempre. Y esto tanto más me ilusiona cuanto desde que el mundo es mundo se encuentren apenas tres o cuatro parejas de verdaderos amigos. Y entre éstos creo poder esperar que la amistad de Escipión y Lelio sea famosa para la posteridad.

16. FANIO. Eso, Lelio, no puede ser de otra manera. Y puesto que has mencionado la amistad y tenemos tiempo disponible, harás algo muy grato para mí, y espero que también para Escévola, si, como acostumbras en los demás temas que se te piden, nos expones qué piensas, cómo la consideras, qué consejos nos darías sobre la amistad.

ESCÉVOLA. A mí también me será muy agradable; y, precisamente cuando iba a proponértelo, Fanio se me ha anticipado. Así que nos darás a los dos una extraordinaria alegría.

V

17. LELIO. Por mi parte no me resistiría si me considerara capaz, puesto que se trata de un tema excelente y, como ha dicho Fanio, tenemos tiempo disponible. Pero ¿quién soy yo y qué me acredita para hacerlo? Es costumbre de hombres doctos, especialmente de los griegos, hablar sobre cualquier tema que se les proponga, aunque sea improvisando. Es una ardua empresa, que exige no poca práctica. Por eso creo que es a los

que hacen profesión de este modo de disertar a los que les debéis pedir que os expongan lo que se puede decir sobre la amistad. Yo no puedo hacer otra cosa que exhortaros a anteponer la amistad a cualquier otra cosa, pues no hay nada más conforme a la naturaleza ni nada tan conveniente en la prosperidad como en la adversidad.

18. Y, ante todo, pienso que la amistad no puede darse sino entre los buenos. Y no quiero cortar aquí por lo sano como los que hablan de estos temas con excesivo rigor, acaso con verdad, pero poco en consonancia con la vida práctica, puesto que niegan que un hombre sea bueno si no es sabio. Sea así, en hora buena, aunque se refieren a una amistad que todavía ningún mortal ha conseguido. Nosotros debemos atenernos a la realidad en la vida cotidiana, no a lo que nos imaginamos o deseamos. Nunca diré yo que Cayo Fabricio, Manio Curio y Tiberio Coruscanio, a quienes nuestros antepasados consideraban sabios, lo fuesen según esa norma. Así pues, quédense con el nombre de sabiduría como algo inasequible y oscuro. Admitan, al menos, que esos fueron hombres buenos. Pero ni esto concederán; negarán que pueda concederse ese nombre si no es al sabio.

19. Vayamos, pues, con Minerva gorda, como suele decirse. Los que así se comportan y viven dando muestras de sinceridad, de integridad, de equidad, de generosidad, sin que haya en ellos malos deseos, ni viles pasiones, ni arrogancia, y son personas de una gran constancia, como fueron los que hace poco he nombrado; a estos que fueron tenidos por buenos, hemos de considerarlos como tales, porque, en cuanto pueden hacerlo los hombres, siguen el dictado de la naturaleza, que es la mejor guía para bien vivir. Me parece, pues, ser consciente

de que hemos nacido para que haya entre todos nosotros una cierta sociedad tanto más estrecha cuanto más allegados somos unos de otros. Así pues, los ciudadanos son antes que los extranjeros, los parientes antes que los extraños, pues la amistad con ellos nace de la misma naturaleza. Pero ella por sí misma no tiene suficiente solidez; pues en esto la amistad aventaja al parentesco en que el afecto puede desaparecer entre los parientes, permaneciendo el parentesco, pero no puede eliminarse de la amistad, pues suprimido el afecto desaparece la amistad.

20. Y puede comprenderse la gran fuerza de la amistad, sobre todo porque entre el infinito número de sociedades que ha generado la naturaleza misma en el género humano, la amistad se ha estrechado y restringido tanto que todo el amor se trama sólo entre dos, o a lo sumo entre muy pocos.

VI

La amistad, en efecto, no es otra cosa que la mayor armonía posible con benevolencia y amor en todas las cosas divinas y humanas; y no sé si, exceptuando la sabiduría, los dioses inmortales han otorgado a los hombres un don mejor que la amistad. Unos anteponen a la amistad las riquezas, otros la buena salud, otros el poder, otros los honores y muchos incluso los placeres. Esto último es propio de bestias; y los demás bienes antes enumerados son caducos e inseguros, puesto que dependen no tanto de nuestra determinación como de la volubilidad de la fortuna. Pero los que ponen el sumo bien en la virtud, obran, en verdad, admirablemente; pero esta misma virtud engendra y contiene la amistad; y la amistad en manera alguna puede existir sin la virtud.

21. Desde este momento entendamos la virtud como solemos hacerlo en nuestra vida ordinaria y en nuestras conversaciones; y no midamos su importancia, como lo hacen algunos doctos, por la grandilocuencia de las palabras; y enumeraremos entre los hombres buenos a los que son tenidos por tales: los Paulos, los Catones, los Galos, los Escipiones, los Filos. La vida corriente se contenta con ellos; dejemos a un lado a los que no se encuentran en ninguna parte. Entre tales hombres la amistad tiene tan grandes ventajas, que apenas puedo enumerarlas.

22. En primer lugar, ¿qué vida merece vivirse, como dice Ennio, si no descansa en el amor de un amigo? ¿Qué más dulce que tener con quien te atrevas a hablar como contigo mismo? ¿Serían tan grandes los placeres de la fortuna si no tuvieras a nadie que se alegrara con ellos como tú mismo? Y, al contrario, soportar el infortunio sería difícil para ti sin alguien que lo sufriera incluso con más dolor que tú mismo. En fin, los demás bienes que se desean, cada uno es oportuno casi sólo para una situación: las riquezas para aprovecharse de ellas, el poder para ser respetados, los honores para recibir alabanzas, los placeres para gozar, la salud para estar libres de dolor y poder valerse de las facultades corporales. La amistad, sin embargo, contiene muchos bienes; a cualquier sitio adonde te vuelvas, allí está siempre a punto; no se la excluye de ningún lugar, nunca es importuna ni molesta. Como suele decirse, ni el agua ni el fuego son más útiles que la amistad. Pero no estoy hablando de la amistad vulgar o mediocre, que también produce placer y es provechosa, sino de la verdadera y perfecta amistad, cual fue la de los pocos que por ella se hicieron célebres.

Pues la amistad da más esplendor a la fortuna, y el infortunio se hace más llevadero compartiéndolo y soportándolo en común.

VII

23. Y llevando consigo la amistad muchos y muy grandes beneficios sobresale entre todos ellos, con mucho, el que alumbra buena esperanza de futuro y no permite que los ánimos desfallezcan o decaigan. Pues el que mira a un verdadero amigo lo ve como una imagen de sí mismo. Y como consecuencia los ausentes están presentes, los necesitados nadan en la abundancia, los débiles tienen fuerza y, lo que es más difícil, los muertos viven: tanto los honran, los recuerdan y los echan de menos sus amigos. Con lo cual consideramos dichosa la muerte de aquellos, la vida de estos digna de alabanza. Porque si quitas de la naturaleza de las cosas la unión del amor, ni familia ni ciudad alguna podrá subsistir; ni siquiera la agricultura podrá perdurar. Y si con esto no se comprendiera suficientemente la magnitud del poder de la amistad y de la concordia, puede comprenderse por los enfrentamientos y las discordias. Pues ¿qué casa hay tan estable, qué ciudad tan segura que no pueda ser destruida desde sus cimientos por los odios y las discordias? Por lo cual podemos juzgar cuánto bien hay en la amistad.

24. Se cuenta que un sabio de Agrigento cantó en sus poemas en griego que la amistad consolida las cosas que permanecen quietas en la naturaleza y el mundo y las que en él se mueven, y que la discordia las destruye. Y esto, en verdad, todos los mortales lo entienden y lo reconocen en la realidad. Y así, si alguna vez un amigo prestó ayuda arrostrando el peligro o

compartiéndolo con su amigo, ¿quién hay que no lo celebre con los mayores elogios? ¡Qué gritos de aclamación hace poco tiempo se escucharon en todo el teatro en la representación de la nueva tragedia de mi huésped y amigo Marco Pacuvio, cuando, ignorando el rey Toas de Táuride quién de los dos era Orestes, Pílades dijera que lo era él, para que le mataran en lugar de su amigo, pero el que lo era realmente perseveró en su afirmación de que él era Orestes! El público, puesto en pie, aplaudía, aun cuando se tratara de una ficción. ¿Qué podemos pensar que habría hecho tratándose de un hecho real? La naturaleza misma fácilmente manifestaba su fuerza cuando el público juzgaba que aquel hombre obraba rectamente haciendo lo que ellos mismos no serían capaces de hacer. Hasta aquí me parece haber podido decir lo que pienso acerca de la amistad; si hay algo más (yo creo que hay mucho), preguntadlo, si os parece, a los que disertan sobre esas cosas.

25. FANIO. Nosotros preferimos preguntarte a ti, aunque también a esos he preguntado muchas veces y ciertamente les he escuchado con agrado; pero el hilo de tu discurso es especial.

ESCEVOLA. Con más razón, Fanio, lo dirías si hubieras estado hace pocos días en los jardines de Escipión y hubieras escuchado lo que se trató sobre la República. ¡Qué gran defensa hizo de la justicia oponiéndose al cuidado discurso de Filo!

FANIO. Sin duda le fue fácil defender la justicia a quien es un hombre justísimo.

ESCEVOLA. ¿Y qué me dices de defender la amistad? ¿Acaso no es fácil defenderla a quien ha alcanzado la máxima gloria por haberla guardado con suma fidelidad, constancia y justicia?

26. LELIO. No me negaréis que esto es obligarme. ¿Qué importa de qué manera me forcéis? Lo cierto es que me obligáis. Porque resistir a los deseos de los yernos, sobre todo tratándose de una cosa buena, no sólo es difícil, sino que tampoco sería justo. Así pues, suelo pensar, cuando reflexiono muy frecuentemente sobre la amistad, que lo primero que hay que considerar es si es deseada a causa de la debilidad e indigencia de la naturaleza, para que en el dar y recibir favores cada uno reciba del otro y a su vez devuelva lo que menos puede conseguir cada uno por sí mismo; o bien si en realidad esto es propio de la amistad, pero existe otra causa más profunda y más hermosa que nace de la naturaleza misma. Pues el amor, del cual la amistad toma el nombre, es lo que principalmente concilia el afecto; porque los favores son percibidos también por quienes cultivan la amistad con simulación y son respetados en atención a las conveniencias. Pero en la amistad nada hay ni fingido ni simulado, todo lo que hay es auténtico y sincero.

27. Por eso la amistad creo yo nace más de la naturaleza que de la indigencia humana; y más de un impulso del alma, que tiene cierto sentido del amor, que del cálculo de la utilidad que podría reportarnos. La índole excelente de la amistad puede observarse incluso en ciertos animales, ya que aman a sus hijos durante cierto tiempo y son amados por ellos, de suerte que queda bien patente su cariño. Pero esto es mucho más evidente en el ser humano: en primer lugar, por el amor que se da entre hijos y padres, que no puede romperse si no es por un crimen

abominable, y cuando ha surgido semejante sentimiento de amor, si hemos llegado a encontrar a alguien con quien congeniemos por sus costumbres y modo de ser, porque nos parezca percibir en él como una cierta luz de bondad y de virtud.

28. En efecto, nada hay más amable que la virtud; nada que más llame al amor, pues en cierto modo amamos incluso a aquellos que no hemos visto nunca por su virtud y su bondad. ¿Hay alguien que no recuerde con algún afecto y cariño a Cayo Fabricio y Marco Curio, aunque nunca los haya visto? ¿Por el contrario, alguien que no odie a Tarquinio el Soberbio, a Espurio Casio y Espurio Manilio? En Italia lucharon por el imperio dos generales, Pirro y Aníbal: con el primero, por su probidad, somos bastante benevolentes; al otro Roma siempre lo odiará por su crueldad.

IX

29. Y si es tan grande la fuerza de la bondad que la amamos hasta en aquellos a los que no hemos visto nunca, o, lo que es más, incluso en el enemigo, ¿qué tiene de extraño que el corazón de los hombres se conmueva cuando les parece percibir la virtud y la bondad de aquellos a los que pueden tratar amistosamente? Si bien el amor se confirma al recibir beneficios y manifestar el afecto, y si a esto se añade el trato continuo, y a estas cosas les unimos aquel primer movimiento del sentimiento amoroso, se enciende en nosotros como una admirable hoguera de cariño. Y si hay quien piense que la amistad nace de la debilidad como medio de conseguir cada cual lo que desea, dejan bien bajo y, por así decirlo, sin nacimiento de alcurnia a la amistad, si pretenden que nace de la pobreza y la indigencia. De ser así, cuanto en menos se tendría cada uno

tanto más apto sería para la amistad. Sin embargo, sucede de otro modo.

30. Pues cuanta más confianza tiene uno en sí mismo y más pertrechado está de virtud y sabiduría, de manera que no necesite de nadie y tenga la seguridad de que todas sus cosas dependen de sí mismo, tanto más sobresale en buscar y cultivar amistades. Pues ¿qué? ¿El Africano necesitaba de mí? ¡En absoluto, por Hércules! Ni tampoco yo de él. Pero por mi parte la amistad nació de cierta admiración que me inspiraba su virtud, y en él, a su vez, probablemente de la estima en que tenía mi género de vida. El trato asiduo aumentó nuestro afecto. Y aunque de nuestra amistad se siguieran muchas y grandes ventajas, eso no quiere decir que estuviera motivada por la esperanza de conseguirlas.

31. Porque igual que hacemos beneficios y nos mostramos generosos, no para exigir gratitud, pues no prestamos a rédito el beneficio como el usurero, sino que por naturaleza somos propensos a la generosidad, así también pensamos que hay que buscar la amistad no llevados por la esperanza de recompensa, sino porque todo su fruto está en el amor mismo.

32. Pero de manera muy distinta opinan los que a manera de los brutos todo lo ordenan al placer. Y no es de extrañar, pues los que han rebajado sus pensamientos a algo tan rastrero y despreciable no pueden ni siquiera sospechar nada tan elevado, tan magnífico y divino. Por eso, olvidémonos de ellos en esta conversación. Por nuestra parte, comprendamos que el sentimiento del amor y la ternura del afecto nacen en la naturaleza una vez percibida la bondad. Y los que se sienten atraídos por ella se aplican y aproximan más a gozar del trato y

costumbres de quien han empezado a amar, para ser iguales en el amor e iguales y más propensos a hacer favores que a pedirlos; y así surge la sana emulación entre ellos. De este modo, de la amistad se cosecharán los más grandes beneficios, y su origen será más noble y más cierto en la naturaleza que en la debilidad. Pues si el interés fuera el aglutinante de las amistades, una vez conseguidos los beneficios, se disolverían. Por el contrario, puesto que la naturaleza no puede cambiar, las verdaderas amistades son eternas. Veis con esto lo que pienso del origen de la amistad, a no ser que queráis decir algo en contra.

FANIO. Tú continúa, Lelio. Pues me creo con derecho a pedirte también por éste que es más joven.

33. ESCÉVOLA. Tienes razón; por consiguiente, escuchemos.

X

LELIO. Escuchad, pues, nobilísimos varones, lo que con mucha frecuencia era objeto de conversación entre Escipión y yo sobre la amistad. Aunque él decía que no hay nada más difícil que el que permanezca una amistad hasta la muerte, pues afirmaba que con frecuencia o son distintos los intereses o no se piensa lo mismo en política, decía también que las costumbres de los hombres cambian con frecuencia, unas veces a causa de los infortunios, otras por los achaques de la vejez. Y tomaba como ejemplo la niñez, porque los más grandes amores de los niños con frecuencia se abandonan con la toga pretexta.

34. Y si esos grandes amores se prolongan hasta la adolescencia, se rompen a veces por una rivalidad, bien de índole matrimonial, bien por algún beneficio, porque los dos amigos no

habrían podido alcanzar lo mismo. Y aun cuando algunos hubiesen progresado en su amistad, ésta se derrumba con frecuencia si caen en rivalidad de honores. Pues no hay peor peste en las amistades que la codicia de dinero en la mayor parte de los casos, y en los mejores la rivalidad por el honor y la gloria; de donde con frecuencia surgen las mayores enemistades entre los más grandes amigos.

35. Decía también que surgen grandes desavenencias, y la mayor parte de las veces justas, cuando se pretende de los amigos algo que no es bueno, como que se pongan al servicio de una pasión o se hagan cómplices de una injusticia. Porque los que rehúsan hacerlo, aunque obran rectamente, serán acusados de traición a la amistad por aquellos a los que se niegan a secundar. Los que se atreven a pedir cualquier cosa a un amigo, en la petición misma están confesando que ellos harían todo en razón de la amistad. Por las quejas de éstos no sólo suelen romperse las viejas amistades, sino también originarse odios sempiternos. Estas dificultades como puestas por el destino, tan frecuentes, decía que acechan a las amistades de suerte que el escapar de todas ellas le parecía obra no sólo de la sabiduría sino también de la buena suerte.

XI

36. Por lo cual, si os parece bien, veamos, en primer lugar, hasta dónde deba llegar el amor. en la amistad. ¿Acaso, los amigos de Coriolano, si los tuvo, debieron tomar con él las armas contra la patria? ¿Acaso cuando Viscelino o Espurio Nelio aspiraron a apoderarse el reino sus amigos debieron ayudarles?

37. Nosotros mismos hemos visto cómo cuando Tiberio Graco atacaba a la República era abandonado por Quinto Tuberón y por los amigos de su edad. En cambio, cuando Cayo Blosio de Cumas, huésped de tu familia, Escévola, siendo yo consejero de los cónsules Lenas y Rupilio, acudió a mí implorando clemencia, para que le perdonaran, aducía la disculpa de que estimaba tanto a Tiberio Graco que pensaba estar obligado a hacer todo lo que él quisiese. Entonces yo le dije: "¿Acaso también si él quisiera que prendieras fuego al Capitolio?". "Nunca –contestó– habría él querido eso". "¿Y si lo hubiera querido?". "Yo habría obedecido", respondió. Veis qué abominables palabras. Y, por Hércules, eso hizo, o aún más; pues no sólo obedeció al temerario Tiberio Graco, sino que se adelantó a él y se mostró cómplice de aquel arrebato de locura poniéndose a la cabeza de la rebelión. Y así, por tal locura, amedrentado por una nueva investigación, huyó a Asia, se refugió entre nuestros enemigos y pagó graves y justas penas por sus delitos contra la República. Por consiguiente, no hay ninguna excusa de pecado si pecas por causa de un amigo. Pues siendo así que la amistad se basa en la estima de la virtud conciliadora de la amistad, es difícil que permanezca la amistad si fallas en la virtud.

38. Y si consideramos justo tanto el conceder a los amigos cualquier cosa que pretendan de nosotros como el conseguir de ellos todo lo que se nos antoje, seríamos sabios perfectos si en ello no hubiera nada reprobable; pero hablamos de aquellos amigos que tenemos ante nuestros ojos, a los que o vemos personalmente, o de los que tenemos noticia y pueden encontrarse en la vida real. De entre estos debemos tomar los modelos, y principalmente de aquellos que más se acercan a la sabiduría.

39. Sabemos, por lo que nos han contado nuestros padres, que Quinto Papo Emilio fue muy amigo de Cayo Luscinio, siendo ellos dos veces cónsules el mismo año y colegas en la censura. También conservamos memoria de que Marco Curio y Tiberio Coruscanio tuvieron una gran amistad con ellos y entre sí. Pues bien, no cabe ni siquiera la sospecha de que cualquiera de ellos intentase conseguir del amigo algo que fuera contra la lealtad, contra un juramento o contra la República. Pues huelga decir que tratándose de tales varones, aunque lo hubiesen intentado, no lo habrían conseguido, puesto que eran hombres muy honestos, y sería igualmente ilícito hacer tal cosa que el pretender que se hiciera. Pero a Tiberio Graco le seguían Cayo Carbón y Cayo Catón, aunque entonces de ninguna manera su hermano Cayo, quien, ahora, es el más violento.

XII

40. Sancionemos, por consiguiente, esta ley de la amistad: que no pidamos cosas vergonzosas y que no las hagamos si se nos piden. Pues es torpe excusa y en absoluto inaceptable el confesar que por causa del amigo se ha actuado contra la República, y así en relación a cualquier pecado. Así pues, Fanio y Escévola, nos encontramos en tal situación que debemos prever de lejos los peligros que pueden amenazar a la República. Ya nos hemos desviado un poco del espacio y la trayectoria trazada por nuestros mayores.

41. Tiberio Graco intentó apoderarse del reino, o mas bien, en realidad reinó unos pocos meses. ¿Cuándo el pueblo romano había oído o visto algo semejante? No puedo contener las lágrimas al decir lo que sus amigos y parientes que le siguieron después de su muerte hicieron contra Publio Escipión Nasica.

Pues resistimos como pudimos a Cayo Carbón, a causa del castigo reciente de Tiberio Graco. Pero no quiero augurar qué se puede esperar del tribunado de Cayo Graco. El mal, una vez que comienza, repta como una serpiente, y avanza cada vez más rápido hacia el precipicio. Conocéis los grandes desastres que tuvieron lugar ya antes con el voto secreto en la tablilla, primero por la ley Gabinia, y dos años después por la ley Casia. Ya me parece ver al pueblo separado del Senado y los más importantes asuntos tratados según el capricho de la multitud. Pues muchos aprenderán mejor cómo se llevan a cabo estos disturbios que cómo se resiste a ellos.

42. ¿A dónde pretendo llegar con esto? Porque sin cómplices nadie se embarca en tales aventuras. Por consiguiente, hay que recomendar a los buenos que si por casualidad cayeran incautamente en tales amistades, no se consideren ligados a ellas hasta el punto de que no puedan romper con amigos que cometen crímenes contra la República. Para los malvados, en cambio, hay que establecer un castigo, y no menor para los que les hayan seguido que para los mismos jefes del crimen contra la patria. ¿Quién más ilustre en Grecia que Temístocles? ¿Quién más poderoso? Pues bien, siendo general en la Guerra persa, habiendo liberado a Grecia de la esclavitud y teniendo que ir al destierro a causa de la envidia, no pudo soportar el agravio de la ingratitud de su patria, aunque debió soportarlo. Hizo lo mismo que veinte años antes había hecho entre nosotros Coriolano. No pudieron encontrar a nadie que les ayudara contra la patria. Y así, ambos se suicidaron.

43. Por consiguiente, tal confabulación entre malvados no sólo no debe encubrirse con la excusa de la amistad, sino que ha de castigarse con todo género de penas, para que nadie piense

que le está permitido secundar al amigo incluso cuando declara la guerra a la patria; desgracia que, según el cariz que van tomando las cosas, no sé si no va a sucedernos algún día. Y no me preocupa menos cuál sea la suerte de la República después de mi muerte que su situación actual.

XIII

44. Por tanto, sancionemos esta primera ley de la amistad: que pidamos a los amigos cosas buenas, y que hagamos cosas buenas por los amigos; ni siquiera esperemos a que se nos pidan, estemos siempre dispuestos, no seamos remolones; pero atrevámonos a dar consejo con franqueza. En la amistad debe tener mucho valor la autoridad de los amigos que aconsejan bien; y debe emplearse, si es preciso con dureza, no sólo para amonestar abiertamente, sino también para reprender; y acátese su dictamen cuando se dé.

45. Pues tengo entendido que algunos, que he oído que son tenidos en Grecia por sabios, sostuvieron ciertas opiniones extrañas (no hay nada que ellos no pretendan con sus argucias). Decían unos que hay que huir de excesivas amistades para no verse obligado a preocuparse por muchos, que bastante y aun de sobra tiene uno con sus cosas, y es demasiado molesto enredarse en las ajenas; que lo más cómodo es tener las riendas de la amistad lo más flojas posible, para tirar de ellas o aflojarlas a voluntad; pues, dicen, lo principal para vivir feliz es la tranquilidad, de la que el ánimo no puede gozar si hubiera que estar como de parto por muchos.

46. Y dicen que otros sostienen la opinión mucho más inhumana, a la que hace poco me he referido brevemente, de que

hay que procurarse amistades para defenderse y ayudarse, y no por afecto y amor. Así pues, cuanto menos firmeza y menos fortaleza tenga uno más apetecerá las amistades, y por eso sucede que busquen más el apoyo de las amistades las mujercillas que los varones, y más los pobres que los ricos, y los desgraciados más que los que se consideran felices.

47. ¡Oh fatua sabiduría! Los que eliminan de la vida la amistad, aun cuando ningún don mejor ni más dulce nos hayan concedido por los dioses inmortales, parecen quitar del mundo el sol. Porque ¿qué tranquilidad es esa? Ciertamente suave y atractiva en apariencia, pero despreciable por muchos conceptos, pues no es razonable dejar de emprender una acción honrosa o abandonarla una vez emprendida, para evitar preocupaciones. Porque si rehuimos el cuidado hemos de rehuir la virtud, que necesariamente repudia y aborrece con suma cautela las cosas contrarias, del mismo modo que la bondad repudia a la malicia, la templanza a la liviandad, la fortaleza a la cobardía. Así puedes ver que los hombres justos se duelen mucho de las injusticias, los fuertes de las debilidades, los moderados de la deshonra. Pues es propio de un alma bien dispuesta el alegrarse con el bien y sufrir con el mal.

48. Por lo cual, si el dolor tiene cabida en el corazón del sabio (y la tiene, ciertamente, a no ser que pensemos que el sentimiento humano ha sido eliminado de él), ¿hay alguna razón para que arrojemos de la vida la amistad para no tener que soportar molestias por su causa? Pues ¿qué diferencia hay, no digo ya entre el bruto y el hombre, sino entre el hombre y un tronco o una roca o cosas parecidas, si quitamos los impulsos del corazón? Y no hay que escuchar a los que pretenden que la virtud, por decirlo de alguna manera, sea dura y como de hie-

rro, siendo, en realidad, tierna y maleable en muchas ocasiones, y especialmente en la amistad, de tal suerte que parece dilatarse con los bienes del amigo y encogerse con sus desgracias. Por lo cual esas preocupaciones, que con frecuencia hay que aceptar por el amigo, no son suficientes para arrojar de nuestra vida la amistad. Como tampoco se puede renunciar a la virtud porque lleve consigo algunos cuidados y molestias.

XIV

Pero ya que, como antes dije, la virtud atrae a la amistad, si algún signo de virtud resplandece y se encuentra y junta con un alma semejante, necesariamente surge el amor.

49. Pues ¿hay algo más absurdo que el gozarse en tantas cosas vanas, como el honor, la gloria, la casa, el vestido y adorno del cuerpo, y, en cambio, no sentir un gran placer por tener un espíritu dotado de virtud por el que se puede amar y, por así decirlo, devolver amor por amor? Pues no hay nada más gozoso que el cariño correspondido y los afectos y obsequios recíprocos.

50. Y si además añadimos algo que con razón puede añadirse, esto es, que nada invita y atrae tanto como la semejanza atrae a la amistad, sin duda hemos de conceder que es verdad que los buenos aman a los buenos y los consideran unidos a sí como por parentesco y naturaleza. Pues no hay nada que tienda más a las cosas semejantes, nada que las atraiga con más fuerza, que la naturaleza. Por lo cual, Fanio y Escévola, para mí está claro que el afecto entre los buenos es como una necesidad y es la fuente de la amistad establecida por la naturaleza. Pero esta misma bondad se extiende también al común de los hom-

bres. Porque la virtud no es inhumana, enemiga de favores, ni soberbia, y suele defender también a pueblos enteros y velar por ellos con gran diligencia; y, en verdad, esto no lo haría si desdeñara el afecto de la gente.

51. Y además, los que hacen amistades para sacar provecho de ellas, a mi juicio, le quitan a la amistad su mayor encanto. Pues las ventajas conseguidas por medio del amigo no son tan agradables como el amor mismo del amigo. Todo lo que procede de un amigo se nos hace grato, si viene unido a su afecto. Está tan lejos de la verdad el decir que se cultivan las amistades por razón de la necesidad, que aquellos que poseen riquezas y recursos y, sobre todo, los que poseen el adorno de la virtud, en la cual está la mayor defensa, son los que menos necesitan de los otros, y son los más generosos y benefactores. Y no sé si sería necesario siquiera que los amigos nunca se viesen en necesidad. Pues ¿dónde hubiese podido manifestar nuestro afecto su vigor, si nunca Escipión, ni en la paz ni en la guerra, hubiese necesitado de nuestro consejo ni de nuestra ayuda? Por consiguiente, la utilidad no precede a la amistad, sino la amistad a la utilidad.

XV

52. Por lo demás, no habrá que dar oídos a hombres que nadan en placeres si alguna vez hablan de la amistad, que no conocen ni en la práctica ni en la teoría. Pues ¡por los dioses y los hombres!, ¿hay alguien que quiera estar rodeado de todas las riquezas y vivir en la abundancia de bienes, sin amar a nadie ni ser amado por nadie? Ésta es precisamente la vida de los tiranos. En ella no hay ninguna confianza, ningún amor, ni segu-

ridad en el afecto: para ellos todo es siempre sospechoso y preocupante; no hay lugar alguno para la amistad.

53. Pues ¿quién puede amar a quien teme o a quien piensa que le teme? A estos se les trata con simulación, aunque sólo por cierto tiempo. Porque si se da el caso de que caigan, como sucede generalmente, entonces se ve cuán faltos de amigos estaban. Se cuenta que Tarquinio dijo en el destierro que había comprendido entonces quiénes eran sus amigos fieles y quiénes los falsos que había tenido, cuando ya no podía corresponder según su merecido ni a unos ni a otros.

54. Aunque me extraña que con aquella soberbia e insolencia pudiera tener algún amigo. Y así como era imposible que el comportamiento de quien estoy hablando le permitiera tener amigos verdaderos, así también a muchos poderosos las riquezas les privan de amigos fieles. Pues la Fortuna no sólo es ciega ella misma, sino que las más de las veces vuelve ciegos a los que abraza con sus favores. Pues casi siempre se hacen engreídos dejándose llevar por el desdén y la arrogancia. Nada se hace más intolerable que un necio afortunado. Y puede observarse que aquellos que antes fueron morigerados en sus costumbres cambian con el mando, el poder y la fortuna, despreciando las antiguas amistades y concediendo el favor a nuevos amigos.

55. Pero ¿hay algo más necio que, teniendo tanto poder, con riquezas, medios y recursos abundantes, se procuren las cosas que se adquieren con dinero, como caballos, esclavos, vestidos lujosos, vajilla preciosa, y no se preocupen de conseguir amigos, que son, como si dijéramos, el mejor y más hermoso mobiliario de la vida? En efecto, cuando acaparan todas esas otras

cosas no saben para quién las acaparan, ni por quién trabajan, pues cualquiera de ellas vendrá a parar a manos del más fuerte; sin embargo, la posesión de las amistades permanece estable y segura, de manera que aunque aquellas cosas, que son como regalos de la fortuna, permanezcan, la vida sin amigos no puede ser una vida agradable. Y esto baste por ahora.

XVI

56. Hay que determinar ahora cuáles sean los límites de la amistad, y, como si dijéramos, hasta dónde se ha de llegar en el amor de amistad. Y veo que se dan tres opiniones acerca de esto, de las que a ninguna doy mi aprobación: una, que tengamos para con nuestros amigos la misma disposición de afecto que para nosotros mismos; la segunda, que nuestro afecto hacia los amigos corresponda en la misma medida al afecto de ellos hacia nosotros; la tercera, que seamos estimados por los amigos tanto como nosotros nos estimamos.

57. A ninguna de estas tres opiniones doy mi asentimiento en absoluto. En efecto, no es verdadera la primera, es decir, que uno haya de tener la misma disposición de afecto hacia su amigo que hacia sí mismo. Pues ¡cuántas cosas que nunca haríamos por nosotros las hacemos por los amigos!, como pedir y suplicar a alguien despreciable, arremeter violentamente contra otro o perseguirle furiosamente; pues estas cosas tratándose de nosotros no se consideran demasiado honrosas, pero son muy dignas tratándose de los amigos; y muchas cosas hay en las que los hombres de bien renuncian a su provecho y soportan ser privados de su derecho para que sus amigos disfruten más que ellos mismos.

58. La segunda opinión es la que define la amistad como la correspondencia en la misma medida de obsequios y afectos entre amigos. Esto no es otra cosa que reducir la amistad a un cálculo demasiado estricto y mezquino, de modo que sea igual la cuenta de lo dado que la de lo recibido. La verdadera amistad me parece ser mucho más rica y más generosa, y no mira con tacañería si da más de lo que recibe; pues no hay que temer que algo se pierda o se derrame en tierra, o que se acumule más de lo justo en el amigo.

59. La tercera opinión es la que pone el peor límite a la amistad, es decir, que cuanto uno se estime a sí mismo tanto ha de ser estimado por los amigos. Pues con frecuencia el ánimo de algunos anda demasiado decaído o es débil su esperanza de mejorar la fortuna. No es, por consiguiente, propio de un amigo portarse con el amigo tal cual es para sí mismo, sino, más bien, esforzarse en conseguir levantar su ánimo abatido e infundirle esperanza con pensamientos de tiempos mejores. Por consiguiente, hay que asignarle otro límite a la amistad verdadera, después de decir primero algo que Escipión solía reprender de manera especial. Decía que no se habría podido encontrar una expresión más contraria a la amistad que la del que dijo que había que amar como si alguna vez se hubiera de odiar; y no podía llegar a creer que esto, como se pensaba, lo hubiera dicho Bias, quien había sido tenido por uno de los siete sabios; y que tal máxima sería de algún corrompido o ambicioso, o de alguno que lo reduce todo a su poder. Pues ¿cómo alguien puede ser amigo del que piensa que puede llegar a ser su enemigo? En tal caso, sería necesario más bien querer y desear que el amigo cometa el mayor número posible de faltas para tener más motivos donde agarrarse para reprenderle; y

viceversa, sería necesario angustiarse, dolerse y tener envidia de las buenas obras y de los éxitos de los amigos.

60. Por lo cual este precepto, sea de quien sea, no vale para otra cosa si no es para destruir la amistad. Más bien debió establecerse que pongamos tal cuidado al procurarnos amistades que nunca empecemos a amar a quien pudiéramos odiar alguna vez. Más aún, pensaba Escipión, si nuestra elección hubiese sido menos feliz, había que resignarse, más bien que pensar en tiempo de enemistades.

XVII

61. Estos son, a mi juicio, los límites que hemos de poner a la amistad: que si las costumbres de los amigos son rectas, haya entre ellos, sin excepción, alguna comunidad en todo, de bienes, de proyectos y de voluntades, de suerte que si por designio del azar hubiera que apoyar la voluntad de los amigos en situaciones menos justas, en circunstancias en que su vida o su reputación esté en peligro, habría que apartarse del recto camino, con tal de que no se siga un deshonor extremo; pues hay un punto hasta donde se puede condescender con la amistad. No hay, sin embargo, que descuidar el buen nombre; ni tampoco conviene considerar la benevolencia de los ciudadanos como arma de poca importancia para tener éxito en las empresas; y es vergonzoso conseguirla con halagos y adulación. En cambio, la virtud, a la que sigue el afecto, en manera alguna debe ser relegada.

62. Pero con frecuencia (pues vuelvo a Escipión, que siempre hablaba sobre la amistad) se quejaba de que la gente fuese más diligente en todas las demás cosas; cualquiera podría decir

cuántas cabras y ovejas tiene, pero no cuántos amigos; sin duda, ponen cuidado al comprar esos animales, pero son negligentes al elegir a los amigos y no tienen presentes esas como señales y notas características para juzgar quiénes serían idóneos para ser sus amigos. Pues hay que elegir a los firmes, estables y constantes, que escasean mucho. Y es, además, difícil juzgar, sin haberlos experimentado; pues la experiencia se adquiere en la misma amistad. Así, la amistad precede al juicio y nos priva de poder experimentar.

63. Es, por consiguiente, propio del hombre prudente dominar el ímpetu del afecto, como se domina un carro, para usar de las amistades como caballos domados, una vez puestas a prueba, de alguna manera, las costumbres de los amigos. Con frecuencia la ligereza de algunos queda al descubierto aun tratándose de poco dinero. Otros, a los que no ha podido mover poco dinero, se ponen en evidencia si se trata de mucho. Y si acaso encontramos algunos que piensan que es una vileza preferir el dinero a la amistad, ¿podremos encontrar en algún sitio a alguien que no anteponga los honores, las magistraturas, el mando, el poder o las influencias a la amistad, de suerte que si de una parte se les proponen esas cosas y de otra el derecho de la amistad, no prefieran aquellas con mucho? Pues la naturaleza es débil y sucumbe al poder; y aunque se haya conseguido menospreciando la amistad, se piensa que es excusable porque, piensan, no han pospuesto la amistad sin graves motivos.

64. Por eso es muy difícil encontrar verdaderas amistades entre quienes ocupan cargos públicos y se dedican a la política, pues ¿dónde podrá encontrarse a uno que anteponga el honor del amigo al suyo? Pues ¿qué vamos a decir? Dejando ahora esto a un lado, ¡qué penoso y qué difícil se hace a los más el

acompañar a alguien en la desgracia! No es fácil encontrar quien acompañe en ella. Aunque con razón Ennio dijo: "el amigo seguro se conoce en la adversidad". No obstante, dos cosas delatan la ligereza y debilidad de la mayoría: si desprecian al amigo en los éxitos, o le abandonan en la adversidad. Por consiguiente, a quien en una y otra situación se mantuviere firme, constante y estable en la amistad, hemos de considerarlo de una especie sumamente rara, de hombres casi divinos.

XVIII

65. Pero el fundamento de esta estabilidad y constancia que buscamos en la amistad es la lealtad; pues nada hay estable, si no hay lealtad. Por lo demás, lo conveniente es elegir un amigo sencillo y afable que simpatice con nosotros y comparta nuestros gustos. Cosas todas estas que pertenecen a la lealtad, pues no puede ser leal un carácter disperso y tortuoso; ni tampoco el que no tiene las mismas aficiones ni simpatiza por naturaleza con el amigo puede ser leal y estable. Hay que añadir aquí que no le guste contar chismes, ni dé crédito a los que le cuenten. Todas estas cosas pertenecen a esa constancia de la que vengo hablando. Así se hace verdadero aquello que dije al principio: que la amistad no puede darse sino entre los buenos. En efecto, es propio del hombre bueno, al que también se le puede llamar sabio, mantener estas dos cosas en la amistad: primero, que en ella no haya nada fingido ni simulado, pues más propio de un espíritu noble es incluso odiar abiertamente que fingir; después, no sólo rechazar las maldades que le vienen contando del amigo, sino también no ser suspicaz ni estar pensando siempre que en algo le habrá fallado.

66. Habrá que añadir aquí una cierta delicadeza en las palabras y en las costumbres, que es un condimento no de poca importancia de la amistad. Pues el carácter adusto y severo da a todo cierta dignidad; pero la amistad debe ser más indulgente, espontánea y dulce, y más inclinada a ciertos momentos de humor y a la condescendencia.

XIX

67. Y al llegar a este punto se presenta una cuestión un tanto difícil: si alguna vez los nuevos amigos, dignos de amistad, han de anteponerse a los antiguos, como solemos preferir los caballos jóvenes a los viejos. ¡Duda indigna de un hombre! No hay que estar saturado de amistades como se puede estar de otras cosas. Las amistades, como los vinos añejos, cuanto más antiguas, más sabrosas; y es verdad aquello que se dice: "hay que comer juntos muchos modios de sal para que la obra de la amistad quede acabada".

68. No obstante, las amistades nuevas, si ofrecen garantía de que, como en las plantas no engañosas, aparezca el fruto, no hay que rechazarlas. Pero hay que conservar en el lugar que le corresponde las viejas amistades, pues grande es la fuerza de la antigüedad y del trato asiduo. Más aún, volviendo al caballo del que he hablado antes, no hay nadie que, si no hay algún inconveniente, no use el caballo que acostumbra a montar con más gusto que otro nuevo y sin probar. Y no sólo en este caso en que se trata de un animal, sino que la costumbre vale también para las cosas inanimadas, pues nos gustan aquellos lugares, aun montañosos y silvestres, en los que hemos vivido durante más largo tiempo.

69. Pero lo más grande en la amistad es que el superior sea igual al inferior. Pues con frecuencia hay ciertas excelencias, como, por decirlo de alguna manera, era la de Escipión en nuestro círculo. El nunca se consideró superior a Filo, ni a Rupilio, ni a Mumio, ni a otros amigos de rango inferior. No obstante, veneraba como a un superior, porque era mayor que él, a su hermano Quinto Máximo, ciertamente esclarecido varón, pero que en absoluto le igualaba; y quería que por medio de él creciera el prestigio de todos los suyos.

70. Esto es lo que todos deben hacer y el ejemplo que deben imitar, de tal suerte que si han conseguido alguna prestancia en virtud, ingenio o fortuna la transmitan a los suyos y la comuniquen a los allegados, de modo que si han nacido de padres humildes, si tienen parientes pobres, de espíritu o de fortuna, aumenten sus recursos y sean para ellos motivo de honor y dignidad. Como sucede en los relatos de ficción, que los que por desconocimiento de su estirpe o linaje estuvieron alguna vez en servidumbre, cuando son conocidos y descubiertos como hijos de dioses o de reyes, conservan el amor para con los pastores que durante muchos años creyeron ser sus padres. Esto, sin duda, hay que hacerlo con más razón cuando se trata de los padres reales y verdaderos. Pues el fruto del ingenio, de la virtud y de toda prestancia se cosecha con mayor abundancia cuando se comunica a todos los más próximos.

XX

71. Por consiguiente, así como los de más rango que se relacionan en un ambiente de amistad y trato deben igualarse a sus inferiores, así los inferiores no deben avergonzarse de que sus amigos les superen en ingenio, en fortuna o en dignidad. La

mayor parte, o se quejan siempre de alguna cosa, o incluso la echan en cara, tanto más si piensan que pueden decir que han hecho algo por el amigo con sus buenos oficios y su trabajo. Esa clase de personas que echan en cara sus favores es odiosa. Los favores los debe recordar aquel que los recibió, no quien los hizo.

72. Por lo tanto, así como los que son superiores deben abajarse en la amistad, así los inferiores deben, en cierto modo, levantarse. Pues hay algunos que hacen molestas las amistades pensando que son menospreciados; aunque esto no sucede casi nunca, a no ser a aquellos que a sí mismos se consideran despreciables. Pero éstos deben ser curados de estas aprensiones no sólo con palabras, sino también con hechos.

73. Por lo demás, a cada amigo hay que darle lo que tú mismo eres capaz de dar; después, cuanto aquel al que amas y ayudas puede soportar. Porque, por mucho que tú sobresalgas no podrás elevar a todos los tuyos a los más altos honores; así por ejemplo Escipión pudo hacer cónsul a Publio Rupilio, pero no a su hermano Lucio. Y aun suponiendo que pudieras dar a otro todo lo que quisieras, hay que ver qué es él capaz de recibir.

74. Las amistades hay que juzgarlas finalmente una vez que se hayan asentado y los caracteres estén estabilizados con la edad. Y si algunos en su primera juventud han sido aficionados a la caza o a la pelota no deben considerar amigos a los mismos que quisieron entonces porque compartieron las aficiones. Por esa razón, las nodrizas y los pedagogos reclamarían mucho más afecto por derecho de antigüedad; y es verdad que éstos, aunque no deben ser olvidados, sí han de ser correspondidos de otro modo. De lo contrario las amistades no pueden perma-

necer estables, pues costumbres dispares siguen a aficiones dispares y esta diferencia de gustos destruye las amistades. Y no es otra la razón de que los buenos no pueden ser amigos de los malos ni los malos de los buenos, sino es porque en ellos la diversidad de costumbres y aficiones es tan grande cuanto puede ser.

75. Puede considerarse también como un precepto en la amistad que un cierto amor inmoderado, que se da con harta frecuencia, no perjudique los grandes intereses de los amigos. Pues, volviendo a los relatos de ficción, Neptolemo no hubiera podido tomar Troya si hubiese escuchado a Licomedes, en cuya casa se había criado, cuando se interponía en su camino llorando desconsolado. Y con frecuencia sobrevienen situaciones de tal gravedad que sea preciso separarse de los amigos; y el que hiciera lo contrario por no poder soportar fácilmente la añoranza es que es enfermizo y débil de naturaleza, y, por esta causa, poco ecuánime en la amistad.

76. Y en todo hay que considerar por una parte qué puedes pedir al amigo y por otra qué soportarías que él consiguiera de ti.

XXI

Sucede además que, por desgracia, se dan situaciones en que es necesario abandonar las amistades (y ahora nuestra conversación se desliza de las amistades de los sabios a las amistades de la gente vulgar). Con frecuencia los vicios de los amigos repercuten en sus amigos, o en los extraños, pero la deshonra recae en ambos casos en los amigos. Semejantes amistades hay que irlas abandonando con el relajamiento del trato y, como he oído que Catón decía, hay que descoserlas más que rasgarlas; a no ser que aparezca una injusticia tan intolerable que no sea recto ni honroso ni posible el que la ruptura y la separación no sea fulminante.

77. Y si se diera algún cambio de costumbres o aficiones, como suele suceder, o mediara alguna disensión entre los partidos de la República (pues hablo ya, como he dicho poco antes, no de las amistades de los sabios sino de las comunes), habrá que tener cuidado de que no parezca que no sólo se rompen amistades, sino que comienzan las enemistades. Porque no hay nada más vergonzoso que el hacer la guerra a aquel con quien has vivido amistosamente. Como sabéis, Escipión rompió la amistad con Quinto Pompeyo por causa mía; y por la discusión que había en la República se alejó de nuestro colega Metelo. En ambos casos obró movido por serios motivos, con dignidad y no sin disgusto, pero sin acritud.

78. Por lo cual, en primer lugar se ha de procurar que no haya lugar a cualquier ruptura entre los amigos; y si algo de eso ocurriera, que las amistades parezcan más extinguidas que ahogadas. Hay que evitar también que las amistades se conviertan en graves enemistades, de las que nacen las injurias, los insultos y los ultrajes. Tales cosas hay que soportarlas, si fueran tolerables, concediendo a la antigua amistad el honor de que la culpa recaiga en el ofensor, no en el ofendido. Para todos estos vicios e inconvenientes sólo hay una prevención y una garantía: que no se comience a querer demasiado pronto, y que no se quiera a los indignos.

79. Son dignos de amistad tan sólo aquellos que tienen en sí mismos la razón de ser amados. Especie rara, pues todo lo ex-

celente es raro y nada más difícil que encontrar algo que sea perfecto en su género y bajo todos los aspectos. Pero la mayor parte de la gente no reconoce nada bueno en las cosas humanas, si no es provechoso, y aman a los amigos como a sus ganados, sobre todo a aquellos de los que esperan sacar el mayor provecho posible.

80. Así, carecen de aquella hermosísima amistad y sobremanera natural que es deseable en sí y por sí misma, y no pueden valorar en sí cuál sea la naturaleza y cuán grande la fuerza de esta amistad. Pues cada uno se ama a sí mismo no para exigir una recompensa a su propio amor, sino porque uno de suyo se ama a sí mismo. Y si no se transfiere eso mismo a la amistad no se encontrará nunca un verdadero amigo; pues éste es ciertamente como otro yo.

81. Pues si es patente en las bestias, en las aves, en los peces, en los animales salvajes, en los domésticos, en las fieras, primero, que se aman entre sí, pues esto es innato en todo animal, y después, que buscan y desean animales de su misma especie a quienes juntarse y lo hacen con deseo y cierta semejanza de amor humano, ¡cuánto más no lo hará la naturaleza en el hombre, que no sólo se ama a sí mismo, sino que busca al otro para fundir su corazón con el suyo hasta el punto de casi hacerse uno de dos!

XXII

82. Pero la mayor parte desean injustamente, por no decir con desvergüenza, tener unos amigos como ni ellos mismos pueden ser, y lo que ellos no dan a los amigos es lo que piden para sí. Pues bien, lo justo es, en primer lugar, ser buenos nosotros,

y luego buscar a alguien semejante a nosotros. En hombres así puede consolidarse una amistad estable, de la que tanto venimos hablando, pues unidos por el afecto, en primer lugar, tendrán sometidas aquellas pasiones a las que los demás se someten; después se alegrarán con la equidad y la justicia, y aceptarán todos los inconvenientes uno por el otro; y nunca uno pedirá al otro nada que no sea honesto y justo; y no sólo se honrarán y se amarán mutuamente, sino que también se respetarán, pues quita el mayor ornato de la amistad el que de ella quita la vergüenza.

83. Así pues, es pernicioso el error de los que piensan que en la amistad se da licencia para toda clase de liviandades y pecados. La naturaleza nos ha dado la amistad como ayuda de todas las virtudes y no como compañera de los vicios; para que, puesto que la virtud no puede llegar sola a lo más alto, pueda hacerlo unida y en compañía de otra. Y si esta asociación se da, o se ha dado, o se ha de dar entre algunos, hay que considerarla como la mejor y más sagrada compañía para conseguir el supremo bien de la naturaleza.

84. Ésta es, os lo aseguro, la sociedad en la que se encuentran todas las cosas que los hombres consideran apetecibles: la honradez, la gloria, la tranquilidad de ánimo, el gozo; de suerte que cuando tenemos estas cosas, la vida es dichosa, y sin ellas es imposible que lo sea. Y siendo esto el bien más alto, si queremos conseguirlo, es preciso que cultivemos la virtud, sin la cual no podremos conseguir ni la amistad ni ningún otro bien. Los que, menospreciando toda virtud, piensan que tienen amigos se dan cuenta, finalmente, de que se han equivocado cuando una desgracia los obliga a ponerlos a prueba.

85. Por lo cual (no me canso de repetirlo), a los otros no se les debe juzgar cuando se les ama, sino amarlos cuando se les ha juzgado. Pero, como en otras muchas cosas, pagamos cara nuestra negligencia, sobre todo al elegir y cultivar los amigos, pues nos valemos de una reflexión tardía y queremos hacer lo ya hecho, algo que está contra el proverbio antiguo. Pues, comprometidos de una y otra parte, bien por el trato diario o bien por los favores, de repente, al encontrar algún tropiezo, a medio camino rompemos las amistades.

XXIII

86. Por lo cual es aún más digno de reproche un descuido tan grande en asunto de tanta importancia. Pues de las cosas humanas, la amistad es la única sobre cuya utilidad están de acuerdo todos unánimemente; aun cuando la virtud misma es despreciada por mucha gente y se diga que es charlatanería y ostentación. Muchos desprecian las riquezas, y contentándose con poco, les basta un frugal alimento y somero cuidado personal. Y en cuanto a los honores, que inflaman la ambición de muchos hombres, ¡cuántos los desprecian hasta el punto de pensar que no hay nada más vacío ni más frívolo! Asimismo, hay muchísimos que tienen en nada las demás cosas que a otros tantos les parecen admirables. De la amistad todos hasta el último, tanto los que se dedican a la política como los que se deleitan en el estudio y la ciencia, los que tranquilamente llevan su negocio y, en fin, los que se entregan de lleno a sus placeres, piensan lo mismo: que sin la amistad no hay vida, si es que quieren vivir, de alguna manera, con decoro.

87. En efecto, la amistad se mete, no sé cómo, en las vidas de todos, y no permite que ningún género de vida esté libre de su

influencia. Más aún, si uno por naturaleza es tan áspero e in-tratable que rehúya y odie la compañía de los hombres, como sabemos que fue un tal Timón de Atenas, ni siquiera podrá pa-sarse sin alguien en quien pueda vomitar el veneno de su acri-tud. Y esto lo podríamos apreciar sobre todo si algún dios nos sacara de esta sociedad de los hombres y nos colocara en al-gún lugar solitario, y allí, proporcionándonos acopio de todas las cosas que apetece nuestra naturaleza, nos quitase por com-pleto la posibilidad de ver a un hombre. ¿Quién sería tan de hierro que pudiera soportar esa vida, sin que la soledad le arre-batara el goce de todos los placeres?

88. Por consiguiente, es verdad lo que solía decir, según creo, Arquitas de Tarento, y he oído recordar a nuestros mayores, que a su vez lo habían oído a otros ancianos: "Si uno subiese al cielo y desde allí contemplara la naturaleza del mundo y la hermosura de los astros, no le sería placentero ese maravilloso espectáculo, que le hubiera llenado de placer si tuviese alguien a quien contarlo". Efectivamente, a la naturaleza no le gusta la soledad y siempre tiende a buscar alguna especie de arrimo, que es más dulce si se trata de amigos muy queridos.

XXIV

Y aunque la naturaleza misma nos haga ver con tantos signos qué quiere, a qué aspira, qué desea, permanecemos sordos, no sé cómo, y no escuchamos sus consejos. Pues la práctica de la amistad es múltiple y variada, y se dan muchas causas de sos-pechas y ofensas que es de sabios evitar o bien pasar por alto, o soportar. Una única ofensa hay que soportar, la que es nece-saria para mantener la verdad y la lealtad en la amistad; pues con frecuencia hay que amonestar y reprender a los amigos, y la represión hay que recibirla amistosamente, cuando se hace con buena intención.

89. Pero es verdad, por desgracia, lo que mi amigo dice en *Andria*: "La adulación engendra amigos, la verdad odio". La verdad es molesta y ciertamente de ella nace el odio, que es el veneno de la amistad; pero mucho más perniciosa es la complacencia, porque, siendo indulgente con los pecados, dejas caer al amigo en el precipicio. Y mayor culpa tiene quien desprecia la verdad y se deja arrastrar al fraude con la complacencia. Por lo tanto, se ha de poner todo cuidado y diligencia, primero, en que los consejos carezcan de acritud, y después en que la reconvención no se convierta en afrenta; por el contrario, en el elogio (pues con gusto acepto el dicho de Terencio) esté presente la cortesía. La adulación, alcahueta de los vicios, permanezca lejos, que es indigna no sólo de un amigo, sino también del hombre libre, pues se vive de una manera con el tirano, de otra con el amigo.

90. Y habrá que dar por perdido a quien cierra los oídos a la verdad, de suerte que no pueda oírla de boca del amigo. Es conocida, como otras muchas, la sentencia de Catón: "Algunos deben más a sus crueles enemigos que a los que parecen sus dulces amigos; aquellos dicen con frecuencia la verdad, éstos nunca". Y es incomprensible que los que son amonestados no sientan el pesar que deben, y sientan, en cambio, el que no deben; pues no se angustian por haber pecado, y llevan a mal el ser reprendidos cuando, por el contrario, deberían dolerse del mal cometido y alegrarse de la corrección.

91. Por consiguiente, así como es propio de la verdadera amistad no sólo reprender, sino también ser reprendido, y la reprensión hay que hacerla con franqueza y sin aspereza, y hay que recibirla pacientemente, sin rechazarla, así también se ha de tener por seguro que no hay peste mayor en la amistad que el halago y la lisonja. Y nunca nos excederíamos en censurar este vicio de hombres ligeros y falaces, que dicen sólo lo que les apetece oír al amigo, nada conforme a la verdad.

92. La simulación es siempre viciosa (pues quita el juicio de la verdad y lo adultera), pero sobre todo en la amistad, pues destruye la verdad sin la cual nada significa el nombre de amistad. Porque, estando la fuerza de la amistad en que varias almas se funden en una sola, ¿cómo podría conseguirse esto, si ni siquiera en cada uno hay una sola y siempre la misma, sino un alma variable, cambiante y de muchas caras?

93. Porque ¿puede haber algo más voluble y versátil, que el ánimo de aquel que está pendiente no sólo de los sentimientos y la voluntad de otro, sino también de su rostro y sus gestos? Uno niega, yo también niego. Afirma, yo también. En fin, yo me he mandado a mí mismo aplaudirlo todo, como dice el mismo Terencio, que pone la frase bajo la máscara de Gnatón. Tener este género de amigos es propio sólo de hombres frívolos.

94. Y hay muchos semejantes a Gnatón, y siendo superiores a él por cuna, fortuna y fama, su adulación es más molesta cuando a la falsedad se añade la autoridad.

95. Por lo demás, es posible, si ponemos la debida diligencia, reconocer y distinguir el adulador del verdadero amigo, como se pueden distinguir todas las cosas falsificadas y simuladas de las auténticas y verdaderas. La misma asamblea popular, aunque se forma con los más ignorantes, suele distinguir el demagogo, es decir el adulador y frívolo, del ciudadano constante, serio y digno.

96. ¡Con qué halagos trataba Cayo Papirio recientemente de insinuarse en los oídos de la asamblea popular, cuando presentaba la ley sobre la reelección de los tribunos de la plebe! Yo disuadí al pueblo. Pero no diré nada de mí; prefiero hablar de Escipión. ¡Qué grande, dioses inmortales, fue su ponderación, qué enorme su majestad en el discurso! De suerte que, sin temor a equivocarnos, podamos llamarlo no ya conciudadano, sino jefe del pueblo romano. Pero estuvisteis presentes y su discurso anda en manos de todos. Así pues, aquella ley populachera fue rechazada por los votos del pueblo. Y, volviendo a hablar de mí, recordaréis, en el consulado de Quinto Máximo, hermano de Escipión, y Lucio Mancino, cuán aceptable por el pueblo parecía la ley de Cayo Licinio Craso sobre los sacerdotes, pues la provisión de vacantes de los colegios sacerdotales era transferida a la elección del pueblo. Y fue él el primero que presentó una ley hablando en el foro vuelto hacia el pueblo y no a los senadores. Sin embargo, la religión de los dioses inmortales que yo defendía, fácilmente triunfaba de su discurso venal. Esto sucedió siendo yo pretor, cinco años antes de ser elegido cónsul. Así, la verdad misma ganó esta causa más que mi autoridad.

97. Y si en la escena, es decir, en una asamblea del pueblo en la que tanto lugar hay para la ficción y la fantasía, la verdad triunfa, con tal de que esté clara y explicada, ¿qué ha de suceder en la amistad, que toda ella tiene por fundamento la verdad? En ella, como se dice, si no ves el corazón abierto de tu amigo y no muestras el tuyo, no habrá nada fiable, nada seguro, ni siquiera en amar o ser amado, si es que ignoras cuánta verdad hay en todo eso. Si bien esa adulación, por más que sea perniciosa, no puede dañar a nadie, si no es al que la acepta y se complace en ella. Así sucede que el que se aplaude a sí mismo y se regodea sobremanera consigo mismo es el que abre sus oídos a los aduladores.

98. La virtud se ama ante todo a sí misma, pues se conoce muy bien y comprende cuán amable es. Pero ahora no voy a hablar de la virtud sino de la apariencia de virtud, pues no son tan numerosos los que desean ser virtuosos como los que quieren parecerlo. A estos últimos agrada la adulación. Cuando se emplea con ellos un lenguaje falaz, conforme a sus deseos, piensan que aquellas palabras vanas son el testimonio de sus méritos. Por consiguiente, no hay amistad alguna cuando uno no quiere oír la verdad y el otro está dispuesto a mentir. Y no nos parecería graciosa la adulación de los parásitos en las comedias si no se tratase de soldados fanfarrones: "¿Pero es que Thais me da muchas gracias?". Bastaría con responder: "Muchas". "Muchísimas", dice el adulador. Siempre agranda lo que aquel a quien se pretende complacer quiere que sea grande.

99. Por lo cual, aunque esa vana adulación tenga valor sólo para aquellos que la fomentan y dan ocasión a ella, también hay que advertir a los hombres más sensatos y menos volubles que estén alerta y no caigan en las redes de una astuta adulación. Pues todo el mundo se da cuenta de quién adula claramente, a no ser el que es absolutamente tonto de remate. Pero hay que tener mucho cuidado no sea que nos sorprenda el simulador astuto y encubierto. Éste no es fácil de reconocer, porque con frecuencia adula incluso contradiciendo y halaga simulando que disiente y que al fin se rinde y permite ser vencido, de suerte que el que ha sido burlado crea que ha sido más listo. Pero ¿existe algo más vergonzoso que dejarse engañar de esta manera? Hay, pues, que estar alerta para no caer en la trampa, como se lee en el *Epiclero* de Estacio: "Hoy delante de mí habrás zarandeado y sonado la nariz muy guapamente a todos los viejos necios de comedia".

100. También en la ficción el personaje más necio es el del viejo manejable y crédulo. Pero, no sé cómo, de las amistades de los hombres perfectos, esto es de los sabios (hablo de la sabiduría que parece estar al alcance del hombre), nuestra conversación ha venido a parar a las amistades frívolas. Volvamos, pues, a nuestro primer tema y, finalmente, concluyamos.

XXVII

La virtud, la virtud, repito, Cayo Fannio y tú Quinto Mucio, no sólo concilia las amistades sino que también las conserva; ya que en ella está la armonía de las cosas, en ella la estabilidad, en ella la constancia; y la virtud, cuando se muestra y manifiesta su luz y ve y conoce la que hay en el otro, se acerca a ella y a su vez recibe la del otro. Entonces se enciende o el amor o la amistad, pues uno y otra toman el nombre de *amar*; pues amar no es otra cosa que querer a quien amas, sin buscar ningún interés o utilidad; aunque ambos florecen de la amistad, aun cuando tú no los hayas buscado.

101. Yo en mi juventud amé con este afecto a los ancianos Lucio Paulo, Marco Catón, Cayo Galo, Publio Nasica y Tiberio Graco, suegro de mi amigo Escipión. Pero este afecto brilla con más fuerza entre iguales, como entre Escipión, Lucio Furio, Publio Rupilio y Espurio Mumio y yo mismo. Y, a la vez, los ancianos descansamos en el cariño de los jóvenes, como en el vuestro o en el de Quinto Tuberón. Y a mí también me es grato el trato amistoso del joven Publio Rutilio, y el de Aulo Virginio. Y puesto que de tal manera está dispuesto el orden de nuestra vida y nuestra naturaleza, que una generación nazca de otra, hay que desear ardientemente que puedas llegar a la meta con los iguales, con los que, por decirlo así, has salido de las barreras del hipódromo.

102. Pero, dada la fragilidad y caducidad de las cosas humanas, siempre hemos de buscar a alguien a quien amar y por el que seamos amados. Pues sin el amor y el cariño la vida pierde toda alegría. Aunque Escipión me haya sido arrebatado súbitamente, para mí vive y siempre vivirá; pues yo amé la virtud, que no se ha extinguido, de aquel hombre. Pero no está ante mis ojos para mí solo, que la tuve siempre al alcance de la mano, sino que brillará esplendorosamente también para la posteridad. Todos los que en adelante conciban algún gran proyecto en su corazón o fomenten una gran esperanza se verán obligados a pensar que tienen por modelo la memoria y la imagen de aquel hombre.

103. Sin duda, entre todas las cosas que la naturaleza o la fortuna me ha concedido no tengo nada que pueda compararse con la amistad de Escipión. En ella encontré la conformidad de pareceres en los asuntos de la República, en ella el consejo en los asuntos privados, en ella el descanso placentero. Nunca, que yo sepa, le ofendí en la más mínima cosa, nunca oí de él algo que yo no quisiera oír. Teníamos la misma casa y compartíamos el alimento y comíamos juntos. Siempre estuvimos unidos, no sólo en la milicia, sino también en los viajes, y los días de descanso en el campo.

104. ¿Y para qué hablar de nuestra afición a conocer y aprender siempre algo nuevo, en la que consumíamos todo nuestro tiempo de ocio, alejados de las miradas de la gente? De ninguna manera habría podido soportar la añoranza de un tan íntimo y cariñoso amigo, si hubiese muerto con él su memoria. Pero no ha muerto, sino que la alimento con mi meditación y mi recuerdo. Y aun cuando me viera privado totalmente de una y otro, encontraría gran consuelo en mi misma edad, pues ya no puedo estar en esta añoranza por mucho tiempo; y los males que duran poco se hacen tolerables, aunque sean grandes.

Esto es lo que tenía que decir sobre la amistad. Sólo me queda exhortaros a que estiméis tanto la virtud, sin la que la amistad no puede existir, que penséis que fuera de ella nada hay más grande que la amistad.